Piano • Vocal • Guitar

THE BEST OF

Cheap Trick

ISBN: 978-1-4950-6547-7

HAL•LEONARD®
CORPORATION
7777 W. BLUEMOUND RD. P.O. BOX 13819 MILWAUKEE, WI 53213

Visit Hal Leonard Online at
www.halleonard.com

AIN'T THAT A SHAME

Words and Music by ANTOINE DOMINO
and DAVE BARTHOLOMEW

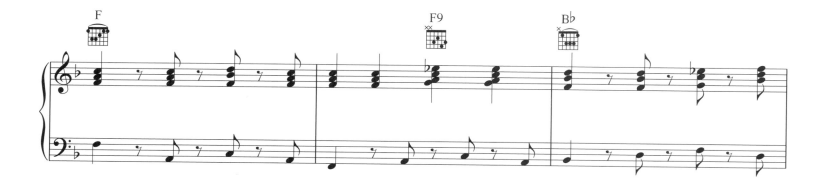

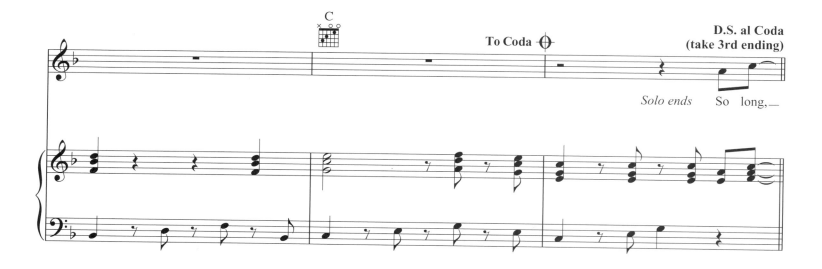

Solo ends So long,___

Solo ends You made ___ me cry _____ when you said _

DREAM POLICE

Words and Music by
RICK NIELSEN

They don't get paid or take va-ca-tions, or let me a-lone.___ They spy on me; I try to

hide; they won't let me a-lone.___ They per-se-cute me; they're the

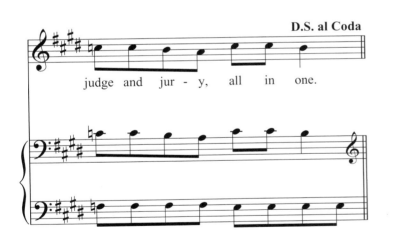

D.S. al Coda

judge and jur-y, all in one.

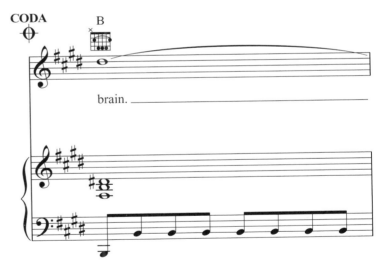

CODA

brain._____

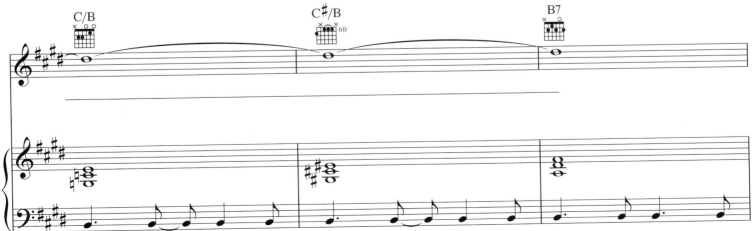

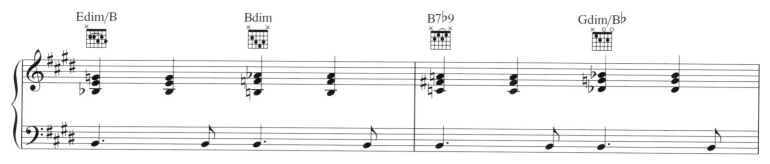

THE FLAME

Words and Music by BOB MITCHELL
and NICK GRAHAM

Moderate Rock Ballad

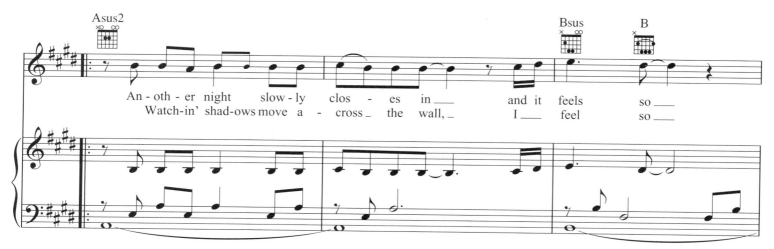

An-oth-er night slow-ly clos-es in ___ and it feels so ___
Watch-in' shad-ows move a-cross ___ the wall, ___ I ___ feel so ___

lone - ly. ___
fright - ened. ___

Touch-ing heat, freez-ing on ___ my skin, ___ I pre-
I wan-na run to you, I wan-na call, ___ but I've been

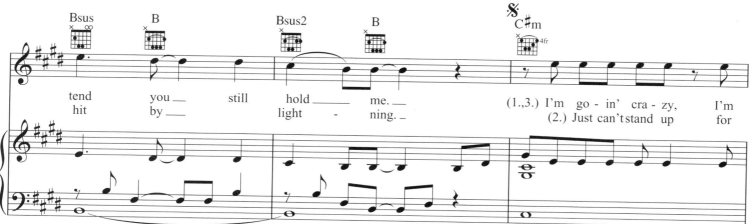

tend you ___ still hold ___ me. ___
hit by ___ light - ning. ___

(1.,3.) I'm go-in' cra-zy, I'm
(2.) Just can't stand up for

you. _ Whenever you need __ someone __ to

lay your heart __ and head __ upon, __ remember: After the fire, __ after

all the rain, _ I will be __ the flame. _____

I will be __ the flame. _____

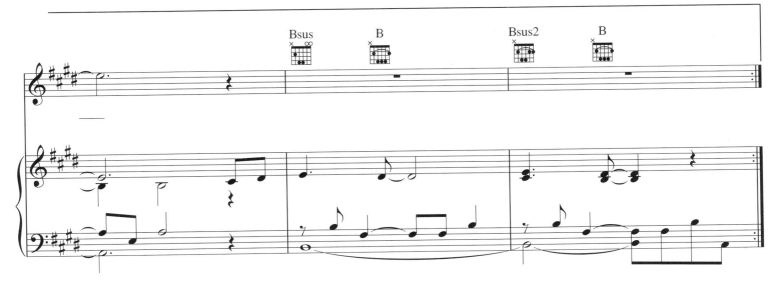

I will be ___ the flame. ___

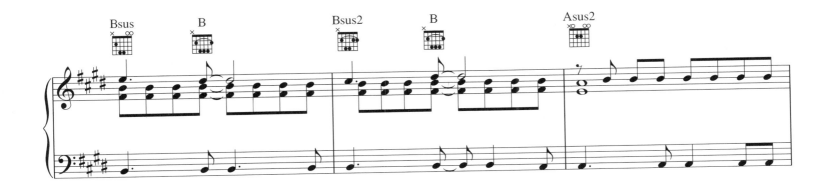

D.S. al Coda

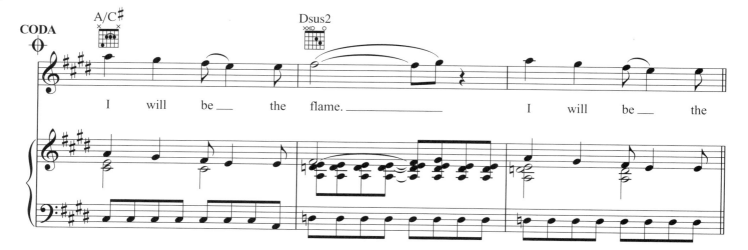

HELLO THERE

Words and Music by
RICK NIELSEN

Driving Rock beat

Would you like to do a num-ber with me? __

Would you like to do a num-ber with me? ____

Would you like to? Would you like to? Would you like to do a

1
num-ber with me? ____

2
num-ber with me? ____

I WANT YOU TO WANT ME

Words and Music by
RICK NIELSEN

Bright Two-beat

want you to want ___ me. I

need you to need ___ me. I'd

love you to love ___ me. I'm

To Coda ⊕

beg - gin' you to { beg me. / beg me. I'll } I

want you to want ___ me. I

need you to need ___ me. I'd

love you to love ___ me. I'll

shine up my old brown shoes. I'll put on a brand-new shirt. ___ I'll

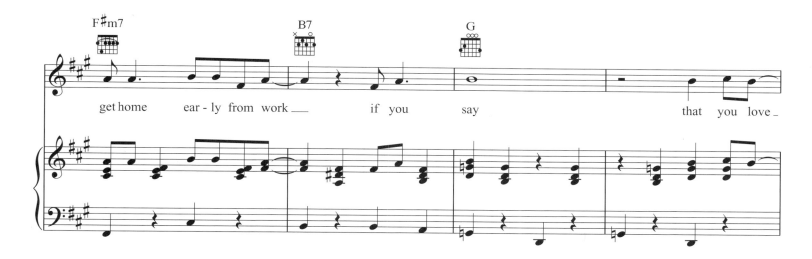

get home ear-ly from work ___ if you say that you love _

___ me. Did-n't I, did-n't I, did-n't I see you

cry - in' (cry - in', cry - in')? Oh, did - n't I, did - n't I, did - n't I see you

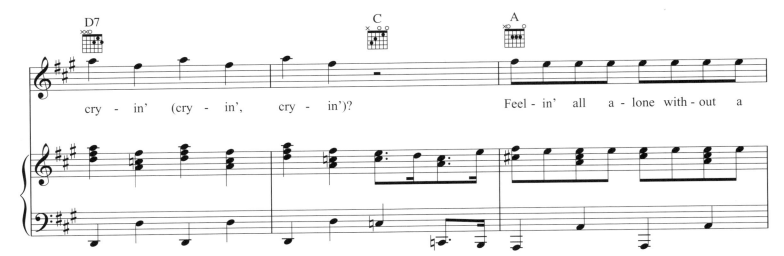

cry - in' (cry - in', cry - in')? Feel - in' all a - lone with - out a

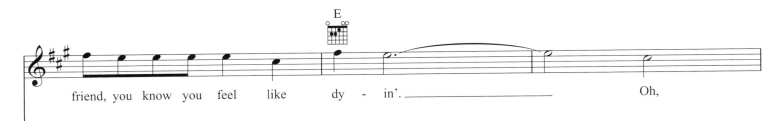

friend, you know you feel like dy - in'. _____ Oh,

D.S. al Coda

did - n't I, did - n't I, did - n't I see you cry - in' (cry - in', cry - in')? I

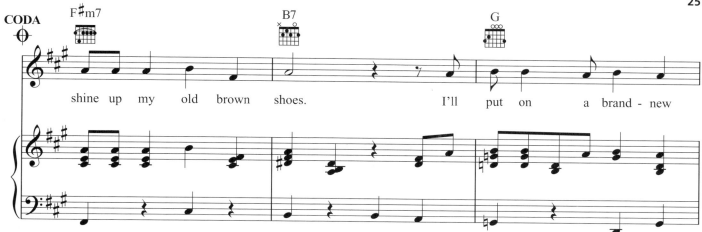

shine up my old brown shoes. I'll put on a brand-new

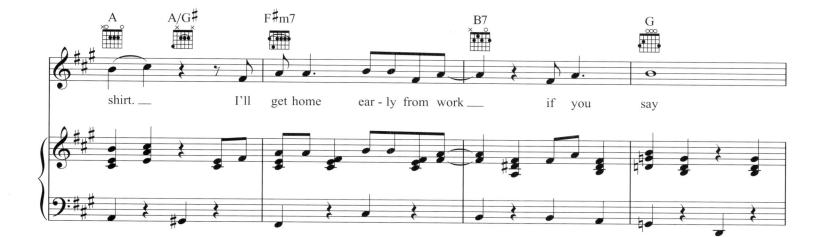

shirt. ___ I'll get home ear-ly from work ___ if you say

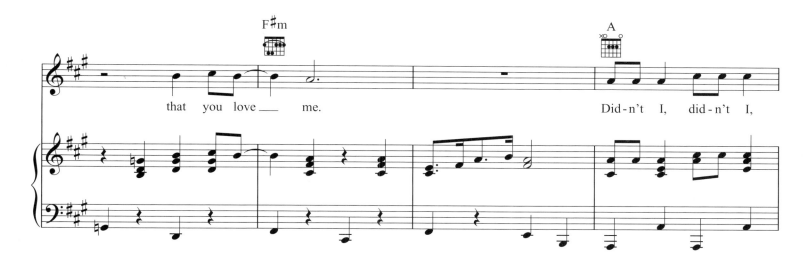

that you love ___ me. Did-n't I, did-n't I,

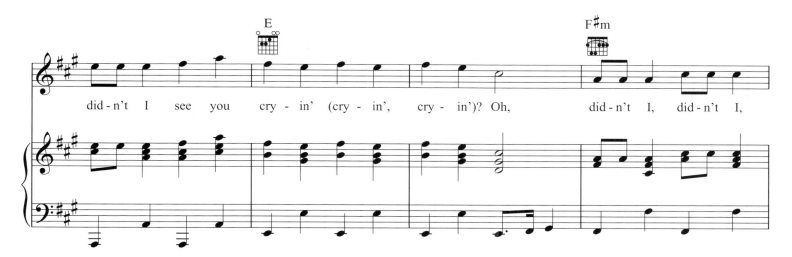

did-n't I see you cry-in' (cry-in', cry-in')? Oh, did-n't I, did-n't I,

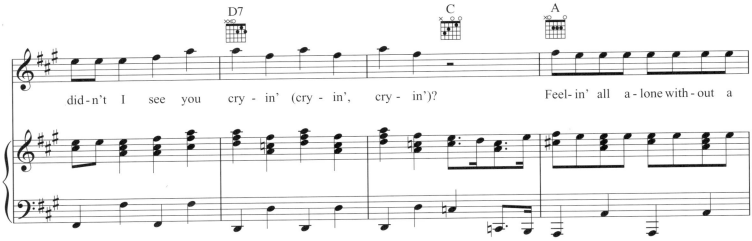

did-n't I see you cry-in' (cry - in', cry - in')? Feel-in' all a-lone with-out a

friend, you know you feel like dy - in' (dy - in', dy - in'). Oh,

did-n't I, did-n't I, did-n't I see you cry-in' (cry - in', cry - in')?

Guitar solo

F#m · D7 · C

End guitar solo

A · E

Feel-in' all a-lone with-out a friend, you know you feel like dy - in'. _____

F#m · D7

_____ Oh, did-n't I, did-n't I, did-n't I see you cry-in' (cry - in',

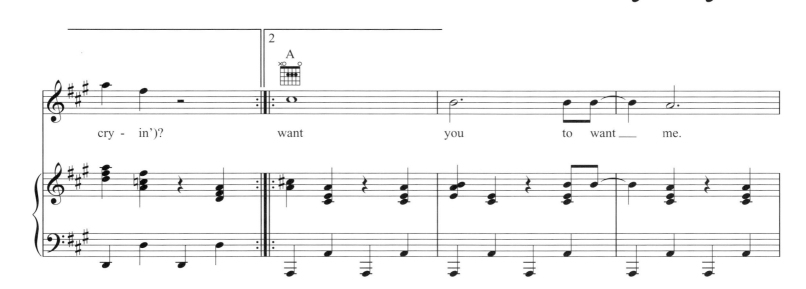

A

cry - in')? want you to want ___ me.

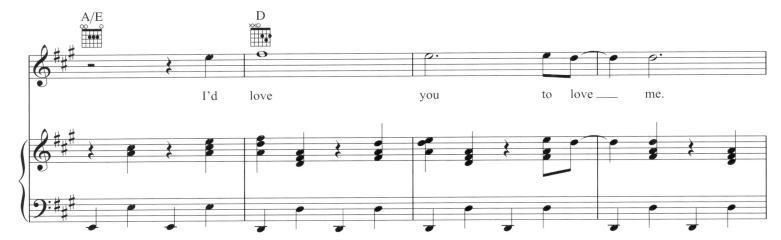

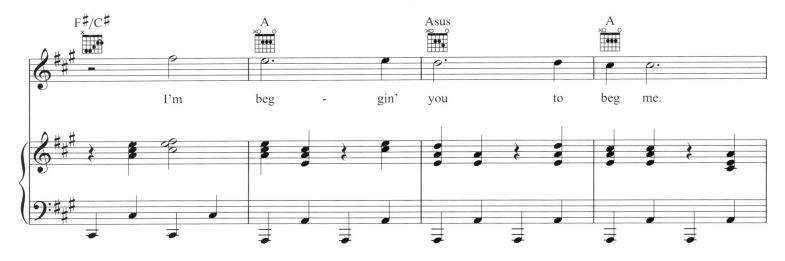

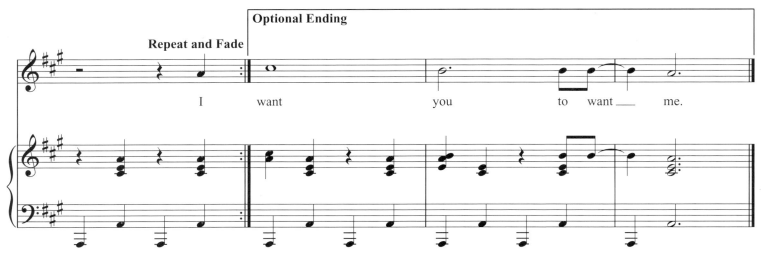

IF YOU WANT MY LOVE

Words and Music by
RICK NIELSEN

Ooh. ____ If you want ____ my love, ____ you got ____
Instrumental

____ it. If you need ____ my love, ____ you got ____ it. I won't hide

it. I won't throw ____ your love ____ a - way. _____ Ooh. ____

____ (Solo ends) Yes, I thought you were a mys - ter - y girl, _____
You hold the se - crets ____ of love in this world. ____

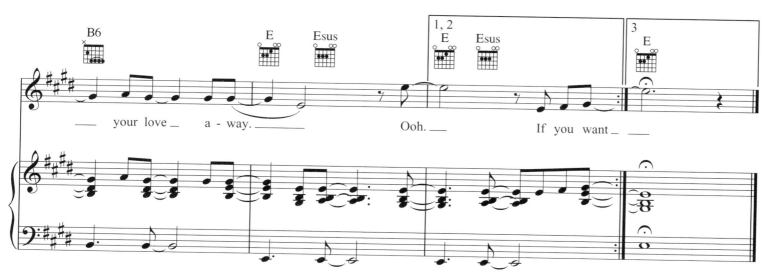

SHE'S TIGHT

Words and Music by
RICK NIELSEN

(She's tight.) She's a - head of her time. _____ (She's

tight.) She's one of a kind. _____ (She's tight.) She's a

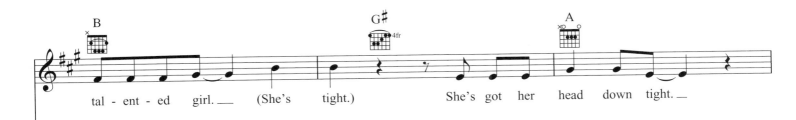

tal - ent - ed girl. ___ (She's tight.) She's got her head down tight. __

(She's

tight.)   She's giv - ing me the go. (She's tight.)   She's

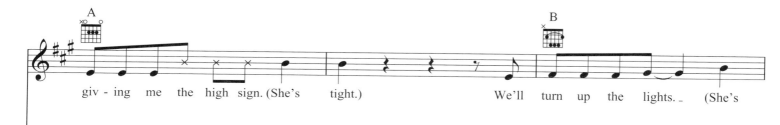

giv - ing me the high sign. (She's tight.)   We'll turn up the lights. _ (She's

tight.)   Pull down the shades. _ (She's nice, she's tight.)

SURRENDER

Words and Music by
RICK NIELSEN

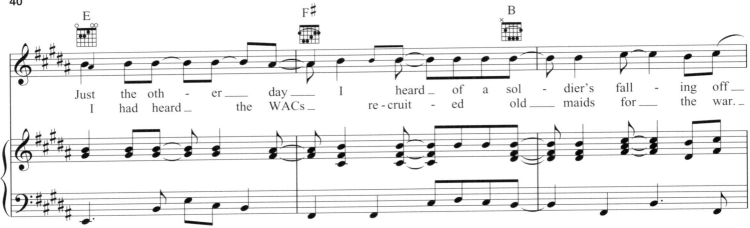

Just the oth-er day ___ I heard _ of a sol - dier's fall __ ing off ___
I had heard ___ the WACs ___ re - cruit - ed old ___ maids for ___ the war. __

__ some In - do - ne - sian junk _ that's go - ing 'round. __
But Mom - my is - n't one ___ of those, _ I've known __

__ her all __ these years. __ Mom-my's all right,

Dad-dy's all right, they just seem a lit-tle weird. _____ Sur - ren -

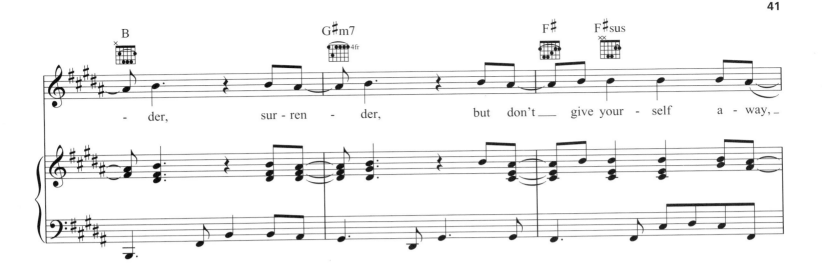

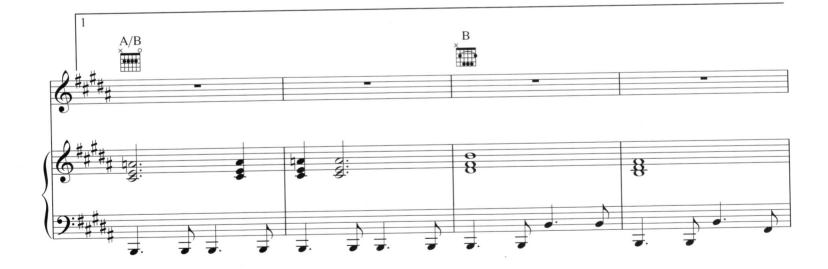

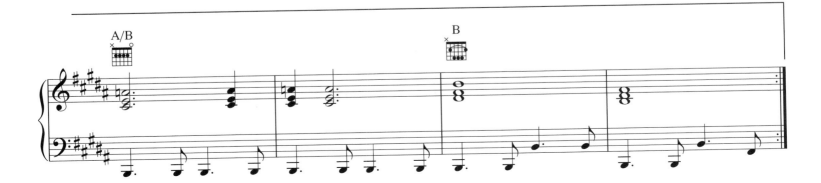

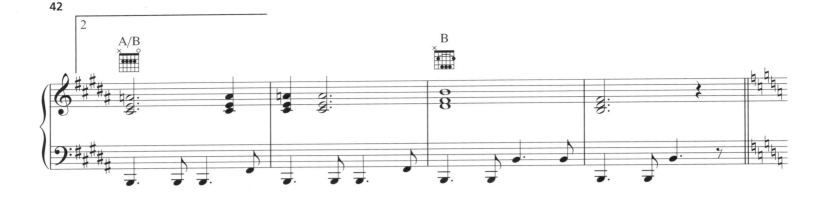

What-ev-er hap-pened to all ___ this sea-son's los-ers of ___ the year? ___

Ev-'ry time ___ I got ___ to think-ing, where'd ___ they dis-ap-pear. ___

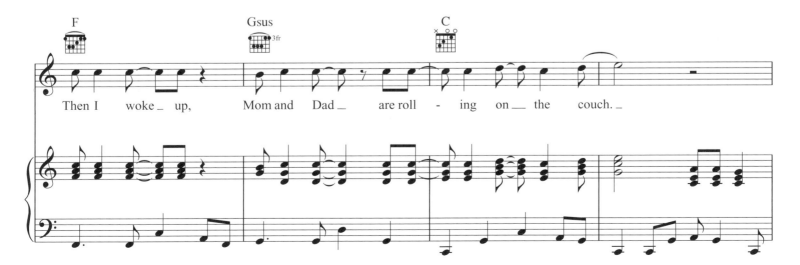

Then I woke ___ up, Mom and Dad ___ are roll-ing on ___ the couch. ___

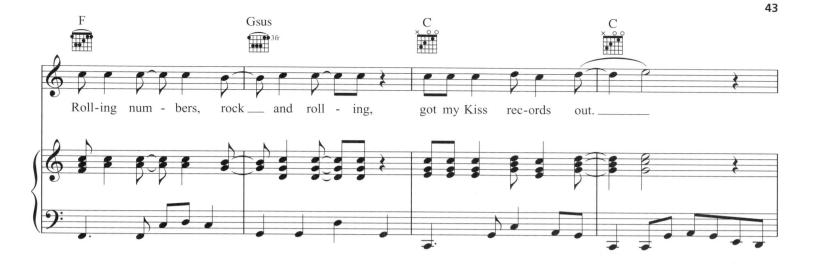

Roll-ing num - bers, rock __ and roll - ing, got my Kiss rec-ords out. _____

Mom-my's all right, Dad-dy's all right, they just seem a lit-tle weird. _

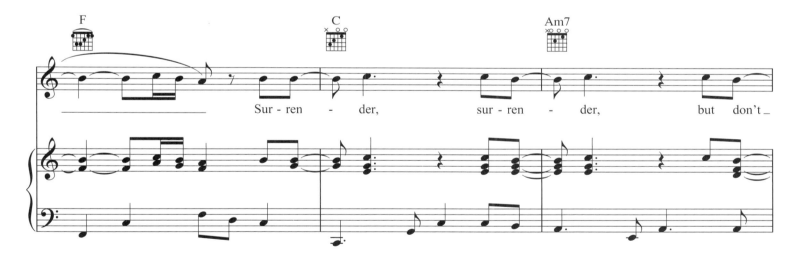

_____ Sur - ren - der, sur - ren - der, but don't _

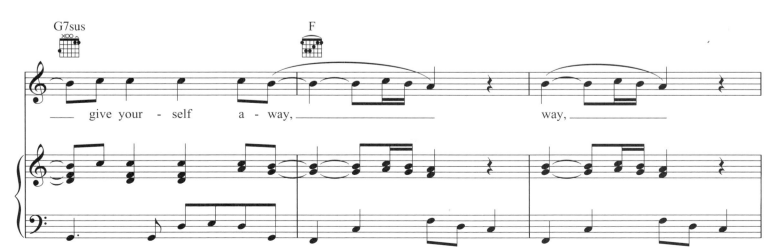

___ give your - self a - way, _____ way, _____

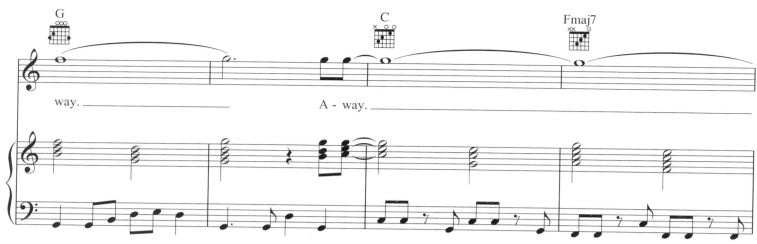

way. _____ A - way. _____

— A - way. _____

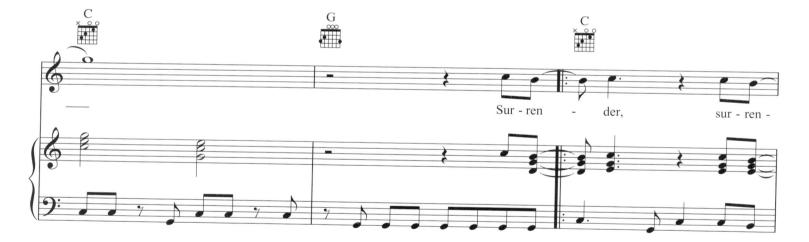

— Sur - ren - der, sur - ren -

Repeat and Fade

- der, but don't ___ give your - self a - way. _____ Sur - ren -

TONIGHT IT'S YOU

Words and Music by MARK RADICE,
RICK NIELSEN, ROBIN ZANDER
and JON BRANT

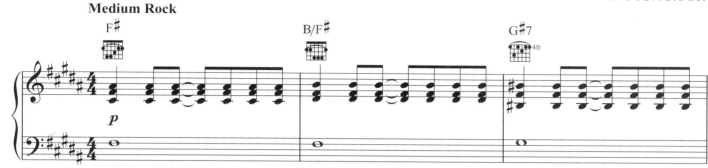

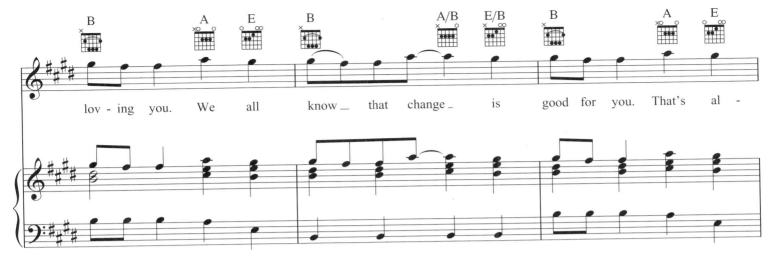

lov - ing you. We all know __ that change __ is good for you. That's al -

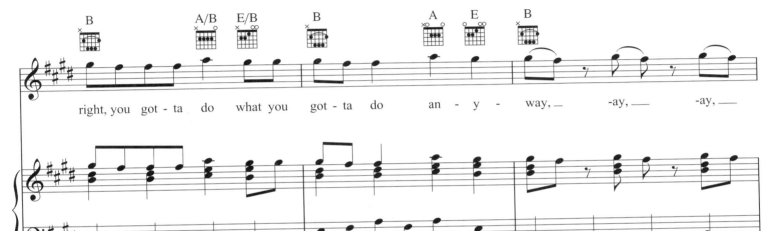

right, you got - ta do what you got - ta do an - y - way, __ -ay, __ -ay, __

-ay, __ -ay, __ -ay. _____ All I want is a place __ in your heart

to fall in - to. _____ All I need is some -

- one to love   and to-night it's you. ____

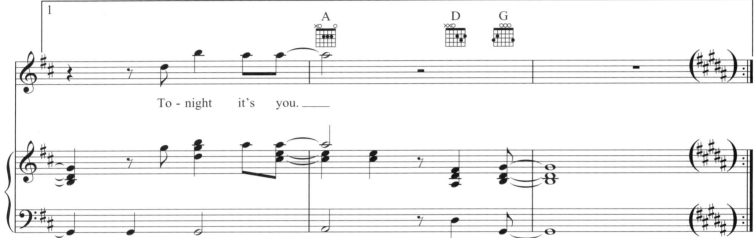

1

To - night it's you. ____

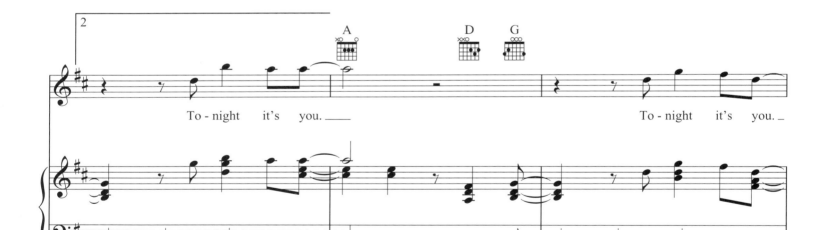

2

To - night it's you. ____   To - night it's you. _

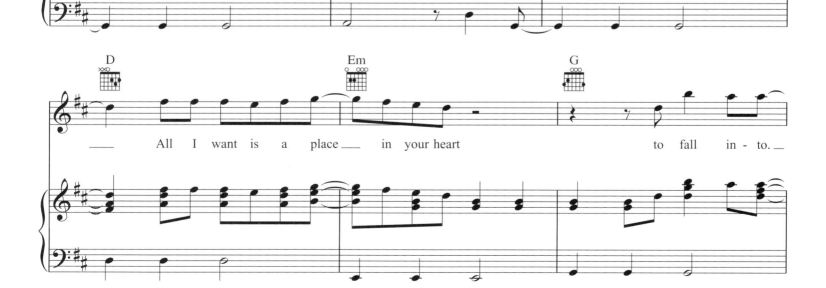

____ All I want is a place ____ in your heart   to fall in - to. _

All I need is some - one to love

and to - night it's you. ___ To - night it's you. _

To - night it's you. ___

To - night it's you. ___

VOICES

Words and Music by
RICK NIELSEN

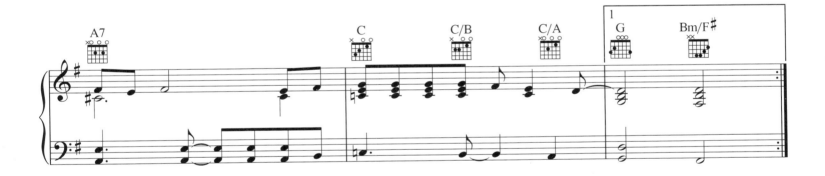

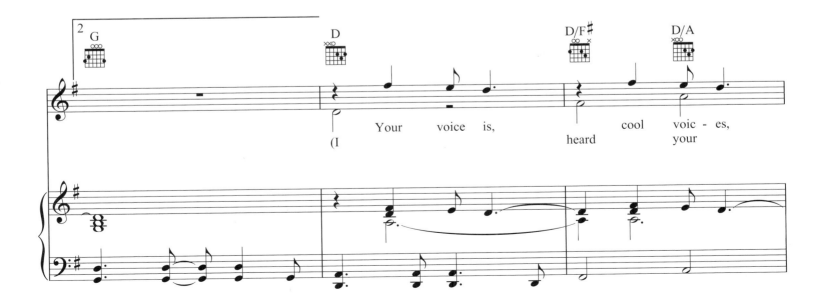